유관순

유관순

유은실 글 곽성화 그림

비룡소

관순이는 장난꾸러기였어요. 머리를 세 갈래로 땋고, 온 동네를 휘젓고 다녔지요.

"너부터 술래 해."

오빠 우석이가 말했어요.

"왜?"

"네가 제일 어리잖아."

"그런 법이 어딨어? 가위바위보로 정해."

관순이는 불공평한 걸 참지 못했어요. 바르지 않다고 생각하면 어른 말도 듣지 않았지요.

"어휴, 나중에 뭐가 되려고 그렇게 고집불통이니?"
"대장! 난 커서 대장이 될 거야! 자, 가위바위보!"
관순이가 팔을 번쩍 치켜들며 말했어요. 그러쥔 손등이 불긋불긋했어요. 찬바람을 맞으며 놀다가 손이 터 버렸거든요.

관순이는 1902년 12월 16일 충청남도 목천군 이동면 지령리에서 태어났어요. 비록 집은 가난했지만 가족은 더없이 화목했어요. 관순이는 부모님의 사랑을 듬뿍 받으며 다른 사람을 사랑할 줄 아는 밝은 아이로 자랐어요.

하지만 우리나라의 앞날은 점점 어두워졌어요. 일본이 우리나라를 집어삼키려고 기회를 노리고 있었거든요. 일본은 1905년 강제로 을사늑약을 맺어 우리나라의 외교권을 빼앗았어요. 또 우리나라를 경제적으로 자신들의 지배 아래 두려고 억지로 돈을 빌려 쓰게 했어요.

참다못한 국민들은 1907년 2월, '국채 보상 운동'을 시작했어요. 일본으로부터 빌려 쓴 돈 천삼백만 원을 갚아 나라를 되찾자는 운동이었지요.

"일본의 지배에서 벗어나려면 나랏빚부터 갚아야 합니다."

"술 끊고 담배 끊어서 모은 돈으로 나라를 지킵시다."

관순이의 아버지 유중권과 지령리 사람들도 국채 보상 운동에 참여했어요. 《대한매일신보》에 '대지령 야소 교당'(지령리 교회) 이름으로 21환 5전(우리나라의 옛 화폐 단위)을 내놓았지요.

지령리 교회는 1898년 기독교를 알리기 위해 우리나라에 온 선교사 스웨러가 세웠어요.

일본은 의병(외적의 침입을 물리치기 위해 백성들이 스스로 만든 군대)을 돕고, 국채 보상 운동을 펼치는 지령리 교회를 눈엣가시처럼 여겼어요. 그래서 교회에 나가는 사람들을 총으로 쏘아 죽이고, 교회를 불태워 버렸지요.

1908년 관순이의 작은할아버지 유빈기가 교회를 다시 세웠어요.

교회는 '진명 학교'를 세워 마을 아이들에게 공부할 기회를 주었어요. 관순이의 오빠 유우석과 사촌 오빠 유경석, 사촌 언니 유예도는 모두 이 학교에 다녔어요. 관순이는 열심히 배우고 옳은 일에 앞장서는 분위기에 자연스럽게 스며들었어요.

"무쇠 골격 돌주먹 청년 남아야……."

관순이는 진명 학교 학생들이 부르는 노래도 곧잘 따라 했어요.

어느 날 관순이는 오빠가 펼쳐 놓은 성경을 읽었어요.

"가난한 사람에게 기쁜 소식을 전하고, 상한 마음을 싸매어 주고, 포로에게 자유를 선포하고, 갇힌 사람에게 석방을 선언하고……."

"관순이 너 지금 그거 외운 거야?"

오빠가 물었어요.

"아니, 읽었어."

"말도 안 돼. 글을 배운 적도 없잖아."

"오빠가 책 읽는 거 따라 읽다가 알게 됐어."

"정말? 그럼 여기 읽어 봐."

오빠가 다른 부분을 손가락으로 가리키며 말했어요.

"그러므로 기회가 있을 동안에 모든 사람에게 선한 일을 합시다."

"우아, 정말이네. 어머니, 아버지! 관순이가 저절로 글을 깨우쳤어요!"

아버지와 어머니는 무척 기뻐했어요.
'관순이는 공부를 시켜야겠어. 이제 여자도 나이만 차면 시집보내는 시대는 지났어. 빼앗긴 나라를 다시 찾으려면 남자 여자 구별하지 말고 열심히 배워서 힘을 길러야 해.'

관순이가 여덟 살 되던 해, 사촌 오빠 유경석이 공주 양명 학교에 입학했어요. 이 년 후에는 오빠 유우석이 병천 홍호 학교에 들어갔지요.

아버지와 집안 어른들은 딸들에게도 신학문을 가르쳐서 새로운 세상을 열어 주고 싶었어요. 하지만 험한 세상에 여자아이를 멀리 보내 공부시키기는 쉽지 않았어요. 집이 가난해서 학비를 마련하기도 힘들었고요.

그러던 어느 날 선교사 샤프 부인이 지령리 교회에 들렀다가 관순이와 사촌 언니 유예도를 이화 학당의 장학생으로 추천했어요.

'마음이 따뜻하고 총명한 소녀들이야. 틀림없이 귀한 인재가 될 거야.'

이화 학당은 1886년 선교사 스크랜턴 부인이 여자아이들을 위해 세운 학교였어요.

"이런 기적이 일어나다니! 정말 감사합니다."

1914년 유예도가 먼저 이화 학당에 들어갔어요. 관순이도 일 년 후에 보통과에 들어갔지요. 열네 살 관순이의 가슴에는 두려움과 설렘이 가득했어요.

기숙사 사감인 하란사 선생님은 무척 엄격했어요. 학생들이 규칙을 지키지 않으면 욕바가지를 퍼붓곤 했지요.

하지만 장난꾸러기 관순이는 얌전하게만 지낼 수가 없었어요. 친구들을 즐겁게 해 주고 싶어 좀이 쑤셨거든요.

"간다!"

관순이가 복도 난간에 걸터앉으며 말했어요.

"그러다 들키면 어쩌려고."

친구들이 말려도 소용없었어요. 관순이는 신나게 미끄럼을 타고 난간을 내려왔어요.

"으이그, 이 벼락대신."

친구들은 깜짝 놀랄 만한 일을 아무렇지 않게 하는 관순이를 '벼락대신'이라는 별명으로 불렀어요.

한번은 관순이가 기숙사 담을 넘어가 만두를 사 왔어요.
　"유관순! 너 지금 담 넘어가서 뭘 사 갖고 온 거야?"
　"만두요."
　"기숙사 담 넘는 게 규칙 위반인 거 몰라? 저쪽에 가서 손들고 서 있어!"
　하란사 선생님은 꾸중을 하면서도 마음이 흐뭇했어요. 관순이가 만두 파는 학생을 도와주려고 그런 걸 알았거든요.

관순이는 남을 잘 도왔어요. 어려운 청소를 도맡아 하고, 친구 빨래를 대신해 주기도 했어요. 방학엔 고향에 내려가서 마을 사람들에게 한글을 가르쳤어요.

'가르치면서 깨닫는 게 참 많구나. 많이 배워서 나눠야지.'

관순이는 열심히 배우고 익혔어요. 기숙사에서는 남과 더불어 살아가는 법을 배웠고, 운동을 할 때는 깨끗하게 이기고 지는 법을 배웠지요.

이화 학당의 선생님들은 학생들을 열정적으로 가르치며 꿈을 심어 주었어요. 관순이는 특히 박인덕 선생님을 존경하고 따랐어요.
　　정동 교회 손정도 목사님도 관순이에게 많은 영향을 끼쳤어요.
　　"식민지 시대를 살아가는 청년들이여! 옳은 일에 굶주리고 목마른 사람이 됩시다."
　　관순이는 목사님의 말씀을 가슴에 깊이 새겼어요.
　　'가치 있는 삶이란 무엇일까? 어떻게 내가 배운 것들을 다른 사람들과 나눌 수 있을까?'
　　관순이는 끝없이 고민하고 기도했어요.

1918년 3월, 유관순은 이화 학당 보통과를 졸업하고 고등과에 들어갔어요.
　그 무렵 일본은 모든 학교에서 무조건 일본어를 가르치게 했어요. 이화 학당에서도 어쩔 수 없이 일본어 시간을 만들었지요.
　"일어나서 황국 신민 칙어를 외워 봐."
　일본어 교사가 유관순을 가리키며 말했어요.
　유관순은 억지로 자리에서 일어났어요.
　'일본 왕에게 충성을 맹세하는 황국 신민 칙어를 외워야 하다니.'
　얼굴이 붉게 달아올랐어요.
　"어서 외우지 못해!"
　일본어 교사가 몽둥이로 교탁을 내리쳤어요. 유관순은 친구가 불러 주는 말을 따라 읊었어요.
　"다음번에도 우물거리면 큰 벌을 받을 줄 알아!"
　일본어 교사가 으름장을 놓았어요.

'내 입으로 일본 왕에게 충성을 맹세했어. 나는 스스로를 배반한 거야. 손정도 목사님은 독립운동에 몸 바치러 떠나셨는데, 이필주 목사님은 민족을 위해 으뜸가는 일을 찾으라고 하셨는데.'

유관순은 분노와 죄책감, 부끄러움으로 몸을 떨었어요. 나라를 잃은 슬픔에 가슴이 터질 것 같았지요.

일본의 식민지가 된 우리나라는 갈수록 살기가 어려워졌어요. 일본은 전쟁으로 자기 나라에 쌀이 부족해지자 우리나라에서 쌀을 몰래 빼내 갔어요. 쌀을 구하지 못한 사람들은 풀뿌리나 나무껍질로 목숨을 이어 갔지요. 하루에 한 끼도 먹지 못하는 사람이 허다했어요. 여기저기서 사람들이 굶어 죽었어요.

엎친 데 덮친 격으로 스페인 독감이 유행했어요. 제대로 먹지 못한 사람들은 독감을 이기지 못했어요. 1918년 겨울에만 십삼만 명이 넘는 사람들이 독감으로 죽었지요.

'일본에 나라를 빼앗기고 우리말을 빼앗기고, 이젠 목숨까지 빼앗기는구나. 이대로 가다가는 영혼까지 빼앗기게 될 거야. 어떻게 해야 할까?'

유관순의 고민은 나날이 깊어졌어요.

1919년 독감이 휩쓸고 간 나라에 큰 슬픔이 닥쳤어요. 고종 황제가 돌아가신 거예요.
"더는 참을 수 없어. 빼앗긴 나라를 다시 찾아야 해."
2월 8일 일본에서 유학생 사백여 명이 우리나라의 독립을 선언했어요.
"이 땅에서도 독립운동의 기운을 이어 가야 해. 고종 황제의 장례에 맞춰 사람들이 서울로 몰려들 거야. 독립 선언을 하기 아주 좋은 기회야."
서울에서도 종교 지도자들과 학생들이 중심이 되어 독립 선언식을 준비했어요.

"우리도 나라 구하는 일에 함께하자."

유관순은 친구 김복순, 국현숙, 서명학, 김희자와 함께 '오인 결사대'를 만들었어요.

오인 결사대는 속옷에 주머니를 만들어 태극기와 애국가를 숨겼어요. 그러고는 몰래 모여 태극기를 꺼내 보며 애국가를 부르고 눈물을 흘렸어요.

1919년 3월 1일 오후 2시, 민족 대표 스물아홉 명이 종로구 인사동에 있는 요릿집 태화관에서 '독립 선언서'를 읽었어요.

"우리는 한국이 독립된 나라이며 한국인이 이 나라의 주인임을 선언합니다. …… 최후의 한 사람까지, 최후의 한 순간까지 우리 민족의 정당한 권리를 세계 모든 나라에 알립시다."
 선언서를 읽은 민족 대표들은 모두 일어나 '대한 독립 만세'를 외쳤어요.

탑골 공원에서는 학생들이 중심이 되어 독립 선언식을 했어요. 한 학생이 단상에 올라가 독립 선언서를 읽자, 사람들이 옷 속에서 태극기를 꺼내 들고 외쳤어요.
"대한 독립 만세!"
학생들은 모자를 벗어서 하늘로 던지고는 공원 밖으로 나와 행진을 시작했어요. 독립 선언서와《조선 독립 신문》이 사방에서 흩날렸어요.
고종 황제의 장례식에 참석하려고 지방에서 올라온 사람들도 거리로 쏟아져 나왔어요. 수많은 사람들이 거리를 가득 채운 채 해가 질 때까지 만세를 외쳤어요.

유관순도 친구들과 그곳에 있었어요.
"대한 독립 만세!"
유관순은 목이 터져라 외쳤어요. 언제 잡혀갈지 모르는 위험한 순간이었지만, 가슴속에선 기쁨과 평화가 솟아올랐어요.
'아, 이게 바로 자유야! 마음과 행동이 하나가 될 때 이렇게 자유롭구나!'
유관순은 어둡고 긴 터널을 빠져나온 기분이었어요.

나흘 후인 3월 5일, 학생들은 다시 시위를 벌였어요. 유관순도 '독립 만세'를 외치며 거리를 행진했지요.

일본 경찰은 시위하는 학생들을 향해 칼을 휘두르고 총을 쏘아 댔어요.

유관순은 다른 학생들과 함께 경무 총감부(대한 제국 때 경찰에 관한 일을 맡아보던 기관)로 붙잡혀 갔어요.

"우리 아이들을 내놓으시오. 평화 시위를 한 아이들을 왜 때리고 가두는 거요!"

외국인 선교사들이 찾아가서 항의했어요. 그제야 경무 총감부는 학생들을 풀어 주었어요. 외국인 선교사들이 외국에 알릴까 봐 겁이 났기 때문이지요.

3월 10일, 일본은 서울의 모든 학교에 휴교령(학교의 모든 기능을 정지시키는 명령)을 내렸어요. 박인덕 선생님은 경찰에 잡혀갔어요.

"선생님, 박인덕 선생님!"

유관순과 이화 학당 학생들은 오랏줄에 묶인 채 끌려가는 선생님을 바라볼 수밖에 없었어요.

"박인덕 선생님이 경찰서에 끌려가셨어. 그렇다고 이대로 주저앉을 수는 없어. 우리는 독립을 위해 할 수 있는 일을 계속하자. 각자 고향으로 돌아가서 만세 운동을 하는 거야."

유관순이 친구들에게 말했어요.

유관순은 몰래 서울을 빠져나가기로 했어요. 일본 경찰의 눈을 피해 나이 든 아주머니처럼 머릿수건을 쓰고 기차를 탔지요.

유관순은 유예도와 천안에서 내렸어요.
"관순아, 우리 언제 다시 만나지?"
친구 이정수가 헤어지면서 물었어요.
"독립되는 날 만나자."
유관순이 새끼손가락을 들어 보이며 말했어요.
"최후의 한 사람까지, 최후의 한 순간까지!"
친구들도 새끼손가락을 들며 굳게 약속했어요.

유관순은 지령리에 삼일 운동 소식을 전했어요.

"서울에서 수많은 사람들이 목숨을 걸고 만세 운동을 했어요."

"우리 마을에서도 이종성 학생이 만세 운동을 준비하다 들켜서 잡혀갔단다. 살았는지 죽었는지 아직도 소식을 몰라. 그 뒤로 일본 경찰이 신경을 바짝 곤두세우고 있어. 감시가 무척 심하단다."

작은아버지 유중무가 한숨을 쉬며 말했어요.

"그렇다고 가만히 있어선 안 돼요. 독립운동은 우리 모두가 이어 가야 해요. 그렇지 않으면 우리 민족은 영원히 자유를 빼앗기고 일본의 종으로 살아야 할지도 몰라요."

유관순과 유예도는 어른들을 설득했어요.

"예도랑 관순이 말이 옳아. 우리도 떨쳐 일어나자!"

"최선을 다해 싸워서 후손들에게 부끄럽지 않은 나라를 물려주자."

유관순은 마을 어른들과 의논해 아우내 장날인 4월 1일에 만세 운동을 벌이기로 했어요. 지령리에 본부를 세우고 안성, 진천, 청주, 연기, 목천에 연락 기관을 두었지요.

유관순은 가족들과 함께 태극기를 만들며 시위를 준비했어요.

"독립 선언서를 구해야 해."
"맞아, 그게 있어야 낭독을 하고 시위를 하지."
"제가 구해 오겠습니다."
유관순은 독립 선언서를 구하러 서울에 다녀왔어요.

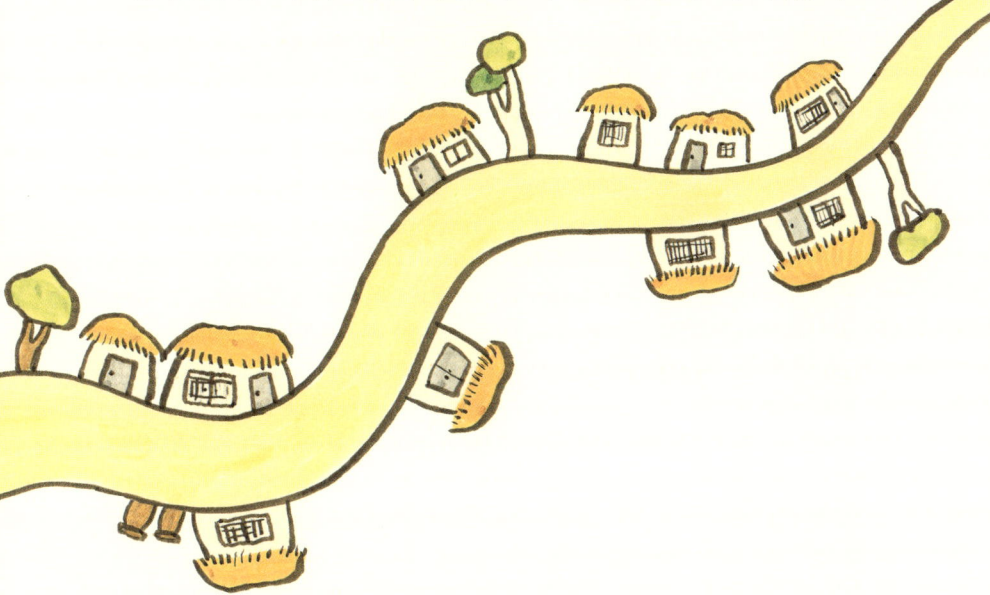

"다른 마을에 만세 운동 소식을 전하고 참여시킬 연락원이 필요해."
"서울 만세 운동에 참여한 저희들이 맡겠습니다."
유예도와 유관순은 이 마을 저 마을을 다니며 만세 운동 소식을 전했어요. 몸이 약한 유예도가 앓아누운 뒤로는 유관순 혼자 수십 리를 걸어 다녔지요.

얼마 지나지 않아 유관순은 발에 물집이 잡혔어요. 차가운 봄바람에 손발이 몹시 시렸지요. 캄캄한 밤 홀로 산을 넘을 때면 두려움과 싸워야 했어요.

유관순은 지치고 외로울 때마다 품속에서 성경 구절을 옮겨 쓴 종이쪽지를 꺼내 읽으며 왜 이 어려운 일을 시작했는지 생각했어요.

'자유 없이 종으로 사는 건 영혼을 빼앗기는 거야. 최후의 한 사람까지, 최후의 한 순간까지 자유를 위해 싸워야 해!'

유관순은 자유를 위해 싸웠던 잔 다르크, 링컨과 흑인 노예들, 프랑스 혁명을 떠올렸어요.

어느덧 아우내 만세 운동이 코앞으로 다가왔어요.
 달빛도 흐린 그믐밤, 지령리 매봉산에 횃불이 피어올랐어요. 곧 멀고 가까운 산봉우리에서 잇달아 횃불이 솟았어요. 다음 날 벌어질 만세 시위를 확인하는 불꽃이었지요.

1919년 4월 1일, 유관순은 마을 사람들과 함께 일찌감치 아우내 장터로 나갔어요. 유관순은 옷 속에 커다란 태극기를 감추고 있었어요.
　장거리로 들어서는 사람들은 태극기를 하나씩 받아 옷 속에 감추었어요. 삼천 명이 넘는 사람들이 가슴에 태극기를 품고 장터로 몰려들었지요.

오후 한 시가 되자 사람들 위로 큰 태극기가 나부꼈어요. 마을 어른들 중 조인원이 쌀가마니 위에 올라서서는 가슴속에 품고 있던 독립 선언서를 읽었어요.

"우리는 한국이 독립된 나라이며 한국인이 이 나라의 주인임을 선언합니다……."

낭독이 끝나자 조인원은 두 손을 들고 외쳤어요.

"대한 독립 만세!"

장터에 모인 사람들도 태극기를 꺼내 함께 외쳤어요.

"대한 독립 만세!"

유관순은 맨 앞에서 태극기를 들고 사람들을 이끌었어요. 만세 소리는 장터를 넘어 매봉산까지 퍼져 나갔어요. 만세 운동에 참여한 사람들은 어떤 무기도 들지 않았어요. 독립 선언서 내용 그대로 '질서를 존중하여' 평화롭게 행진했지요.

일본 헌병들은 그런 사람들을 향해 총과 칼을 빼 들었어요.

"망할 조센징(일본이 우리나라 사람을 낮춰 부른 말) 계집!"

한 헌병이 유관순이 든 태극기 깃대를 칼로 쳤어요. 그리고는 창같이 생긴 총검으로 유관순을 찔렀지요.

"앗!"

유관순은 허리를 움켜쥐었어요.

헌병 주재소장이 피 흘리는 유관순의 머리채를 잡고는 질질 끌고 갔어요. 발로 차고 때리기도 했어요.

"관순아! 관순아!"
어머니가 사람들을 헤치고 유관순에게 다가갔어요.
"대한 독립 만세!"
아버지는 눈물을 흘리며 만세를 외쳤어요. 만세 소리는 어느새 울부짖음으로 변해 있었어요.
"탕! 탕! 탕!"
일본 헌병 하나가 총을 쏘고 마구 총검을 휘둘렀어요.
아버지가 옆구리와 머리에 상처를 입고 쓰러졌어요.
"아버지!"
"여보!"

유관순은 그 자리에 주저앉고 싶었어요. 하지만 더는 아무도 죽어선 안 된다는 생각에, 일본 헌병 앞으로 뛰어들었어요.
"사람을 쏘지 마시오."
유관순이 총부리에 가슴을 대며 말했어요.

"너희가 죽인 사람을 살려 내라."

유관순은 마을 사람들과 함께 죽어 가는 아버지를 업고 헌병 주재소(일제 강점기에 순사가 머무르던 기관)로 갔어요.

일본 헌병이 유관순의 가슴에 총검을 겨누었어요.

"내 나라를 찾으려고 옳은 일을 했는데, 왜 총검으로 우리 민족을 죽이느냐!"

유관순은 물러서지 않고 외쳤어요.

하지만 일본 헌병들은 다시 총을 쏘기 시작했어요. 장터에서 만세 운동을 하는 사람들에게도 마구 총질을 했어요. 어머니 이소제를 비롯해 수많은 사람이 목숨을 잃고, 심하게 다쳤어요.

유관순은 일본 경찰에 잡혀 공주 감옥에 갇혔어요.
감옥은 좁고 똥오줌 냄새가 진동했어요. 다친 허리에서는 피와 고름이 흘러나왔어요. 유관순은 제대로 먹지 못한 데다 계속된 고문으로 상처가 점점 심해졌어요.

5월 9일, 첫 번째 재판이 열렸어요.

"내 나라를 찾으려고 옳은 일을 했는데 왜 무기로 내 가족과 이웃을 죽이느냐!"

유관순은 재판관 앞에서 힘차게 말했어요.

　법원은 유관순에게 징역 오 년형을 내렸어요. 일본 재판관들 앞에서 굽힘 없이 독립의 정당성을 주장하는 바람에 벌이 더 커졌지요.
　"이제 열여덟 학생인데 너무 가혹한 벌을 받았어."
　"만세 운동 주동자라서 그렇대. 아우내 만세 운동을 계획하고, 사람들을 이끌고, 태극기까지 만들었잖아."
　유관순과 가족들은 판결을 받아들일 수 없었어요.
　"오 년형이라니, 말도 안 돼! 복심 법원(일제 강점기에 지방 법원의 재판 결과에 대해 다시 재판하는 곳)에 상고해서 다시 재판을 받도록 합시다!"

유관순은 서울 복심 법원에서 재판을 받기 위해 서대문 감옥으로 옮기게 되었어요. 그곳에서 유관순은 박인덕 선생님을 만났어요.

"선생님! 저 관순이에요."

"관순아! 네가 어쩌다 여기 들어온 거야. 얼굴은 또 왜 그렇게 상했어."

선생님은 눈물을 쏟았어요.

"일본 헌병이 부모님과 이웃들을 죽였어요. 오빠와 저는 감옥에 있고, 동생들은 소식을 몰라요."

유관순이 울부짖었어요.

'빨리 나가서 치료를 받아야 해. 저렇게 두었다간 죽을지도 몰라.'

박인덕 선생님은 유관순이 빨리 풀려나기를 간절히 빌었어요. 하지만 서울 복심 법원은 유관순에게 삼 년 형을 내렸어요. 첫 판결보다는 줄었지만, 몸을 다친 유관순에게는 너무나 긴 시간이었지요.

"관순아, 우리 다시 한번 재판을 받자. 재판정에서 싸우는 것도 독립운동의 하나다."

함께 갇힌 조인원과 작은아버지가 설득했어요. 하지만 유관순은 고개를 저었어요.

"삼천리강산에 어디면 감옥이 아니겠습니까?"

유관순은 싸움을 멈춘 게 아니었어요. 하루하루 자기 자신과 싸움을 계속했지요. 가족에 대한 그리움과 굶주림, 허리의 상처로 인한 고통에도 유관순은 함께 갇힌 사람들을 진심으로 아끼고 사랑했어요. 엄마와 함께 감옥에 갇힌 아기를 위해 언 기저귀를 몸에 감고 녹여 주었고, 모자를 떠서 나누어 주기도 했지요.

"이 더럽고 험한 곳에서 어쩌면 저렇게 품위를 잃지 않을 수 있을까."
"유관순은 진실로 따뜻하고 바른 영웅이야."
사람들은 유관순을 아끼고 존경했어요.
'내 몸은 갇혀 있지만 내 영혼은 아무도 가둘 수 없어. 마지막 한 순간까지 자유를 위해 싸우자.'

"대한 독립 만세!"

유관순은 감옥 안에서도 독립운동을 계속했어요.

"대한 독립 만세! 대한 독립 만세!"

유관순이 만세를 부르면 다른 감방에서도 따라 외쳤지요.

1920년 3월 1일, 유관순은 서대문 감옥에서 삼일 운동 일주년 기념 시위를 이끌었어요.

일본인 간수들은 유관순을 끌어내 발로 차고 욕설을 퍼부었어요. 거꾸로 매달고 물을 붓고, 방광이 터지도록 때리고 밥을 굶겼지요. 지하 독방에도 가뒀고요.
 하지만 아무리 모진 고문을 당해도 유관순은 만세 부르기를 멈추지 않았어요.
 '최후의 한 사람까지, 최후의 한 순간까지 싸워야 해.'

고문 때문에 유관순은 온몸이 상처투성이였어요. 허리에서는 고름이 흘렀고, 얼굴은 알아볼 수 없을 정도로 부었어요.

"아주머니, 배가 고파요."

통증과 배고픔으로 잠도 잘 이루지 못했어요.

"내일 아침까지만 견뎌 보렴. 내 밥을 줄게."

"아주머니도 드셔야지요."

"나는 금식 기도를 시작할 거야."

함께 갇힌 어윤희는 일부러 금식 기도를 하면서 밥을 나누어 주었어요.

"관순아, 만세 부르는 것도 좋지만 네 몸을 생각하렴. 여기서 살아 나가야 독립운동도 계속할 수 있어."

박인덕 선생님이 간절하게 말했어요.

유관순은 더 이상 만세를 부르지 않았어요. 창에 찔린 상처는 갈수록 심해졌어요. 고문으로 터진 방광 때문에 몸이 썩어 들어갔어요.

"제발 치료해 주세요. 이렇게 두면 죽어요."

함께 갇힌 사람들이 간수에게 빌었어요. 하지만 때린 사람들은 아무 책임도 지지 않았어요.

유관순은 1920년 9월 28일 오전 8시 20분, 서대문 형무소에서 숨을 거두었어요. 특별 사면을 받아 풀려나기 이틀 전이었지요.

가족과 친구들은 유관순이 죽은 줄을 몰랐어요.
"관순이가 곧 풀려나. 우리 선물을 준비하자."
친구들은 돈을 모아 새 옷을 맞추었어요. 머리핀과 구두도 준비했지요.
하지만 유관순은 10월 12일, 시체가 되어 이화 학당으로 돌아왔어요.
"관순아, 관순아!"
친구들은 시체 앞에서 소리 높여 슬피 울었어요.

"관순이는 진정한 대장이다."

"자랑스러운 우리 친구 관순이에게 비단옷을 입혀 보내자."

친구들은 비단 옷감을 떠서 수의(죽은 사람에게 입히는 옷)를 만들었어요. 그리고 몰래 만든 태극기를 가슴에 덮어 주었지요.

10월 14일 정동 교회에서 유관순의 장례식이 열렸어요. 일본은 형사를 보내 장례식을 일일이 감시했어요.

"가족과 학생 대표 몇 명만 참석하시오."

장례식이 끝난 뒤 유관순은 이태원 공동묘지에 묻혔어요. 비석이나 무덤 표지는 세우지도 못했지요.

얼마 후 이태원 공동묘지는 일본 군용 기지로 바뀌었어요. 그러면서 유관순의 무덤은 영원히 찾을 수 없게 되었어요.

가족들은 유관순의 뜻을 이어 독립운동을 계속했어요. 오빠 유우석은 무정부주의 항일 운동을 펼쳤고, 사촌 오빠 유경석은 교육 운동에 평생을 바쳤어요. 사촌 언니 유예도는 아들 한필동을 광복군으로 키웠어요.

1945년 우리나라는 해방을 맞았어요. 박인덕 선생님은 유관순의 이야기를 세상에 널리 알렸어요.

"유관순은 최후의 한 순간까지 우리 모두의 자유를 위해 용감하게 싸웠습니다."

1962년 대한민국 정부는 유관순 열사에게 '건국 훈장 독립장'을 내렸어요.

♣ 사진으로 보는 유관순 이야기 ♣

우리나라 최초의 여학교 이화 학당

이화 학당은 1886년에 미국의 선교사 스크랜턴 부인이 여자아이들을 가르치기 위해 세운 학교예요. 보통과, 중등과, 고등과, 대학과로 나뉘어 서양에서 들어온 새 학문과 한문, 한글 등을 가르쳤지요. 이화 학당은 학교를 세운 후에 한동안 학생이 없었어요. 당시만 해도 여자아이에

정동에 있던 이화 학당의 모습이에요. 이화 학당은 늘 구경꾼들로 북적였어요. 서양 사람들도 보고, 이화 학당에서 공부하는 학생들도 구경하려는 사람들이었지요.

1923년 이화 학당 보통과의 수업 시간 모습이에요.

게는 공부를 잘 가르치지 않았거든요. 겨우 학생들을 모집해 학교를 운영하기 시작했지만, 처음엔 어려움이 많았어요. 여자 학생들에 대한 사회적 제약이 너무 많았거든요. 예를 들면 당시에는 남자 선생님이 여자아이들을 가르치는 것이 이상한 일이라고 생각해서 선생님은 모두 여자였어요. 한문을 가르치는 선생님만은 남자였는데, 뒤돌아 앉은 채 학생들의 물음에 대답하

유관순이 이화 학당에 다니던 때의 사진이에요. 유관순은 키가 크고 씩씩하며 활달한 소녀였어요. 뒷줄 오른쪽 첫번째가 유관순이에요.

는 식으로 가르쳐야만 했지요.

 체조 수업이 문제가 되기도 했어요. 여자 학생들이 손을 번쩍 들고 가랑이를 벌리며 뛰는 걸 받아들일 수 없다는 거였지요. 당시에는 여자들이 걸을 때 발꿈치에서 발끝까지의 길이 이상 발을 떼는 것을 상스럽다고 여겼거든요. 그래서 이화 학당에 다닌 여학생은 며느리를 삼지 않겠다는 풍조가 일기도 했지요.

 하지만 이런 어려움 속에서도 이화 학당은 우리나라 최초의 여자 대학생을 배출하면서 여성 교육의 개척자 역할을 꿋꿋이 해 나갔어요. 외국에서 온 선교사가 세운 학교였지만, 학생들에게 외국의 생활이나 옷을 강요하는 대신 더 나은 한국인이 되어 남녀평등을 실천할 수 있도록 가르쳤지요.

삼일 운동

 1919년 3월 1일, 민족 대표 스물아홉 명이 서울 인사동에 있는 태화관에 모여 독립 선언서를 읽고 '대한 독립 만세'를 외쳤어요. 하지만 곧 들이닥친 일본 경찰에 잡혀가고 말았지요.

 종로 탑골 공원에서 민족 대표들을 기다리던 사람들은 따로 독립 선언식

독립 기념관에 있는 삼일 운동 기록화예요.

을 갖기로 했어요. 한 청년이 단상에 올라가 독립 선언서를 읽자, 학생들이 일제히 모자를 하늘로 날리며 '대한 독립 만세'를 외쳤어요. 사람들은 종로로 나가 행진을 시작했어요. 고종 황제의 장례식을 보러 온 사람들이 합류하면서 만세 행렬은 금세 수십만 명으로 늘었어요.

고향에 내려가 만세 운동을 주도하다 붙잡혀 서대문 형무소에 있을 때의 유관순이에요. 고문으로 퉁퉁 부어오른 얼굴이 고통스러워 보여요.

　삼일 운동에 참여했던 사람들이 고향으로 돌아가 서울의 소식을 알리고, 사람들을 모아 다시 시위를 벌이면서 만세 운동은 점차 전국으로 번져 나갔어요. 처음에 만세 운동을 이끈 것은 학생들이었지만, 시간이 갈수록 농민과 노동자, 상인 등 남녀노소, 신분과 직업 구분 없이 만세 운동에 참여했지요. 그렇게 3월 1일에 시작된 만세 운동은 무려 일 년 가까이 전국 각지에서 계속되었어요.

　만세 운동이 전국으로 퍼져 나가자 일본은 크게 당황했어요. 그래서 만세 운동에 참여한 사람들에게 가차 없이 총칼을 휘두르고, 조금이라도 관련이 있는 사람은 닥치는 대로 잡아들였지요. 당시 삼일 운동에 참가한 사람들 중 칠천여 명이 죽고, 오만 명에 가까운 사람들이 체포되어 감옥에서 온갖 고문을 당했어요.

우리나라의 여성 독립운동가

윤희순은 우리나라 최초의 여성 의병 지도자예요. 의병장이었던 시아버지와 남편의 활동을 지켜보는 동안 윤희순은 점차 여자도 집 안에만 있어선 안 된다고 생각했어요. 그래서 이웃 여성들을 이끌고 의병 활동에 나섰지요. 윤희순은 남자들과 똑같이 군사 훈련을 받고, 의병 활동에 필요한 돈을 모으러 다녔어요. 또 「안사람 의병가」라는 노래를 지어 독립운동의 기운을 드높였지요.

춘천 시립 도서관에 있는 윤희순의 동상이에요. 윤희순은 직접 군사 훈련에 참여한 최초의 여성 의병이에요.

간호사였던 박자혜는 삼일 운동 당시 간호사들을 중심으로 한 독립운동 단체 '간우회'를 만들어 활동했어요. 삼일 운동 이후 만주로 간 박자혜는 단재 신채호 선생을 만나 결혼했어요. 그 후 독립운동가들의 연락책으로 활동하며, 1926년 나석주 의사가 동양 척식 회사와 조선 식산 은행을 폭파할 계획을 세웠을 때 적극적으로 도왔어요.

박차정은 아버지를 비롯하여 형제, 친척까지 모두 독립운동

박차정의 사진이에요. 박차정은 항일 여성 운동 단체인 근우회, 일본의 주요 인물들을 암살하거나 통치 기관을 파괴하기 위해 만들어진 의열단 등에서도 활동했어요.

을 했던 독립운동가 집안에서 자랐어요. 스무 살 무렵 광주에서 일어난 '광주 학생 항일 운동'을 전국적으로 확대시키다가 일본 경찰에 체포되었고, 이후 만주의 항일 유격대 중 하나인 '조선 의용대'에서 활동했어요. 박차정은 일본군과 전투 중에 입은 부상으로 고생하다가 1944년 5월에 세상을 떠났어요.

남자현은 삼일 운동 때 오늘날 중국 둥베이 지방인 만주로 건너가 무장 독립운동 단체 '서로 군정서'에서 활약했어요. 1932년 국제 연맹의 조사단이 하얼빈에 도착했을 때는 약손가락을 끊어 '조선의 독립을 바란다'는 혈서를 쓰고는 끊어진 손가락과 함께 보내 독립에 대한 간절한 바람을 보여 주었지요.

남자현은 독립운동뿐 아니라 십여 개의 여성 교육회를 만들어 여성 교육에도 힘썼어요.

함께 보면 쏙쏙 이해되는 역사

◆ 1902년
충청남도 목천군 이동면
지렁리에서 태어남.

1900

● 1905년
을사늑약으로
일본에 외교권을 빼앗김.

● 1907년
국채 보상 운동이
일어남.

◆ 1920년
9월 28일, 서대문
형무소에서 순국함.

1920

◆ 유관순의 생애
● 우리나라의 근현대 역사

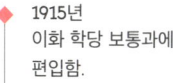
1915년
이화 학당 보통과에 편입함.

1919년
4월 1일, 아우내 만세 운동을 이끎.

1910 — **1915**

1910년
일본과 한일 병합 조약을 맺음.

1919년
3월 1일, 삼일 운동이 일어남.

추천사

「새싹 인물전」을 펴내면서

요즈음 아이들에게 '훌륭한 사람'이 누구냐고 물으면 '돈 많이 버는 사람'이라고 대답한다고 합니다. 초등학생의 태반은 가수나 배우가 되고 싶어 하고요. 돈 많이 버는 사람이나 연예인이라는 직업이 나쁘다는 것이 아니라, 아이들이 각자가 갖고 있는 재능과는 상관없이 모두 똑같은 꿈을 갖는 것 같아 걱정입니다. 또 한편으로는 아이들이 진정 마음으로 닮고 싶은 사람에 대한 정보가 부족한 것은 아닌가 하는 생각도 듭니다.

어릴수록 위인 이야기의 힘은 큽니다. 아직 어리고 조그마한 아이들은 자신이 보잘것없다고 생각하고 위인들의 성공에 감탄합니다. 하지만 그네들에게는 끝없이 열린 미래가 있습니다. 신화처럼 빛나는 위인들의 모습은 아이들에게 훌륭한 역할 모델이 되고, 그런 삶을 살기 위해 무엇을 어떻게 해야 할지를 알려 주는 밝은 등대가 됩니다.

그렇다면 우리가 어른으로서 아이들에게 권해야 할 위인전은 무엇일까요? 보통 우리가 생각하는 '위인'은 훌륭한 업적을 남긴

위대한 사람, 멋지고 능력 있는 사람입니다. 하지만 시대가 변했으니 아이들이 역할 모델로 삼을 수 있는 위인의 정의나 기준도 변해야 할 것입니다.

그런 의미에서 비룡소의 「새싹 인물전」은 종래의 위인전과는 다른 점이 많습니다. 시리즈 이름이 '위인전'이 아닌 '인물전'이라는 데 주목하기 바랍니다. 「새싹 인물전」은 하늘에서 빛나는 위인을 옆자리 짝꿍의 위치로 내려놓습니다. 만화 같은 친근한 일러스트는 자칫 생소할 수 있는 옛사람들의 이야기를 일상에서 만날 수 있는 재미있는 사건처럼 보여 줍니다.

또 하나, 「새싹 인물전」에는 위인전에 단골로 등장하는 태몽이나 어린 시절의 비범한 에피소드, 위인 예정설 같은 과장이 없습니다. 사실 이런 이야기들은 현대를 사는 아이들에게는 황당하고 이해하기 힘든 일일 뿐입니다. 그보다는 천 리 길도 한 걸음부터, 큰 성공도 자잘한 일상의 인내와 성실함이 없었다면 이루어질 수 없었다는 것을 알려 주는 것이 중요합니다. 세상 사람들의 우러름을 받는 이들도 여느 아이들과 같은 시절을 겪었음을 보여 줌으로써, 아이들에게 괜한 열등감을 주지 않고 그네들의 모습을 마음속에 담을 수 있도록 해 주는 것입니다.

  덧붙여 위인전이란 그 인물이 얼마나 훌륭한 업적을 남겼는가 보여 주는 것도 중요하지만, 얼마나 참된 인간다움을 보였는가를 알려 줄 필요도 있습니다. 여기서 '인간다움'이란 기본적인 선함과 이해심, 남을 위해 봉사할 수 있는 사랑과 배려, 그리고 한 가지 목표를 설정하고 앞으로 나아갈 수 있는 의지와 용기를 말합니다. 성취라는 결과보다는 성취하기 위한 과정을 보여 주고, 사회적인 성공보다는 한 인간으로서 얼마나 자기 자신에게 철저하고 진실했는지를 보여 주는 것이 중요하다는 것입니다.

  하지만 아무리 좋은 가르침도 사랑과 따뜻함이 없으면 억누름과 상처가 될 뿐이겠지요. 「새싹 인물전」은 나의 노력과 의지에 따라 얼마든지 의미 있는 삶을 살 수 있음을 알려 줍니다. 내가 알고 있는 삶 외에도 또 다른 삶이 존재할 수 있다는 것, 꿈을 키우고 이루어 가는 과정에서 배우고 경험하게 되는 것들의 가치, 그런 따뜻함을 담고 있는 위인전입니다. 부디 이 책이 삶의 첫발을 내딛는 아이들에게 좋은 길잡이가 되었으면 하는 바람입니다.

기획 위원

박이문(전 연세대 교수, 철학)
장영희(전 서강대 교수, 영문학)
안광복(중동고 철학 교사, 철학 박사)

- 참고 도서 및 도움 주신 분들
  『불꽃 같은 삶, 영원한 빛 유관순』 이정은, 유관순 열사 기념 사업회
  『증보 3.1 운동사』 윤병석, 국학자료원
  『이화 100년사』 이화 100년사 편찬 위원회, 이화 여자 고등학교
  유관순 열사 기념관
  매봉 교회 역사관
  본문 중 인용된 성경 구절_이사야서 61장 1절, 갈라디아서 6장 10절

- 사진 제공
  62~63쪽_ 이화 역사관. 65쪽, 67쪽(아래)_ 두산 엔싸이버. 64쪽, 66쪽_ 중앙 포토.
  67쪽(위)_ 위키피디아.

글쓴이 **유은실**

1974년 서울에서 태어났다. 그림책『심청전』,『나의 독산동』, 동화『나의 린드그렌 선생님』,『마지막 이벤트』,『내 머리에 햇살 냄새』,『일수의 탄생』, 청소년 소설『변두리』,『2미터 그리고 48시간』,『순례 주택』등을 썼다.『제인구달』,『박완서』를 쓰면서, 멋진 여성 인물을 깊이 만나는 귀한 경험을 했다.

그린이 **곽성화**

바다가 아름다운 경상남도 통영에서 태어났다.『재주 많은 삼 형제』로 2004년 '제1회 한국 안데르센상 미술 부문 최우수상', '제 14회 국제 노마 콩쿠르 그림책 일러스트레이션 은상'을 받았다.『만국기 소년』,『춘향전』,『아니, 방귀 뽕나무』,『안중근』등에 그림을 그렸다.

새싹 인물전 　　**유관순**
031

1판 1쇄 펴냄 2010년 2월 17일 　1판 17쇄 펴냄 2020년 11월 5일
2판 1쇄 펴냄 2021년 5월 28일 　2판 4쇄 펴냄 2024년 1월 18일

글쓴이 유은실 　그린이 곽성화
펴낸이 박상희 　편집장 전지선 　편집 이지은 　디자인 박연미, 지순진
펴낸곳 **(주)비룡소** 　출판등록 1994.3.17. (제16-849호)
주소 06027 서울시 강남구 도산대로1길 62 강남출판문화센터 4층
전화 02)515-2000 팩스 02)515-2007 　홈페이지 www.bir.co.kr
제품명 어린이용 각양장 도서 　제조자명 **(주)비룡소** 　제조국명 대한민국 　사용연령 3세 이상

ⓒ 유은실, 곽성화, 2010. Printed in Seoul, Korea

ISBN 978-89-491-2911-2 74990
ISBN 978-89-491-2880-1 (세트)

「새싹 인물전」 시리즈

- 001 **최무선** 김종렬 글 이경석 그림
- 002 **안네 프랑크** 해리엇 캐스터 글 헬레나 오웬 그림
- 003 **나운규** 남찬숙 글 유승하 그림
- 004 **마리 퀴리** 캐런 월리스 글 닉 워드 그림
- 005 **유일한** 임사라 글 김홍모·임소희 그림
- 006 **윈스턴 처칠** 해리엇 캐스터 글 린 윌리 그림
- 007 **김홍도** 유타루 글 김홍모 그림
- 008 **토머스 에디슨** 캐런 월리스 글 피터 켄트 그림
- 009 **강감찬** 한정기 글 이홍기 그림
- 010 **마하트마 간디** 에마 피시엘 글 리처드 모건 그림
- 011 **세종 대왕** 김선희 글 한지선 그림
- 012 **클레오파트라** 해리엇 캐스터 글 리처드 모건 그림
- 013 **김구** 김종렬 글 이경석 그림
- 014 **헨리 포드** 피터 켄트 글·그림
- 015 **장보고** 이옥수 글 원혜진 그림
- 016 **모차르트** 해리엇 캐스터 글 피터 켄트 그림
- 017 **선덕 여왕** 남찬숙 글 한지선 그림
- 018 **헬렌 켈러** 해리엇 캐스터 글 닉 워드 그림
- 019 **김정호** 김선희 글 서영아 그림
- 020 **로버트 스콧** 에마 피시엘 글 데이브 맥타가트 그림
- 021 **방정환** 유타루 글 이경석 그림
- 022 **나이팅게일** 에마 피시엘 글 피터 켄트 그림
- 023 **신사임당** 이옥수 글 변영미 그림
- 024 **안데르센** 에마 피시엘 글 닉 워드 그림
- 025 **김만덕** 공지희 글 장차현실 그림
- 026 **셰익스피어** 에마 피시엘 글 마틴 렘프리 그림
- 027 **안중근** 남찬숙 글 곽성화 그림
- 028 **카이사르** 에마 피시엘 글 레슬리 뷔시커 그림
- 029 **백남준** 공지희 글 김수박 그림
- 030 **파스퇴르** 캐런 월리스 글 레슬리 뷔시커 그림
- 031 **유관순** 유은실 글 곽성화 그림
- 032 **알렉산더 벨** 에마 피시엘 글 레슬리 뷔시커 그림
- 033 **윤봉길** 김선희 글 김홍모·임소희 그림
- 034 **루이 브라유** 테사 포터 글 헬레나 오웬 그림
- 035 **정약용** 김은미 글 홍선주 그림
- 036 **제임스 와트** 니컬라 백스터 글 마틴 렘프리 그림
- 037 **장영실** 유타루 글 이경석 그림
- 038 **마틴 루서 킹** 베르나 윌킨스 글 린 윌리 그림
- 039 **허준** 유타루 글 이홍기 그림
- 040 **라이트 형제** 김종렬 글 안희건 그림
- 041 **박에스더** 이은정 글 곽성화 그림
- 042 **주몽** 김종렬 글 김홍모 그림
- 043 **광개토 대왕** 김종광 글 탁영호 그림
- 044 **박지원** 김종렬 글 백보현 그림
- 045 **허난설헌** 김은미 글 유승하 그림
- 046 **링컨** 이명랑 글 오승민 그림
- 047 **정주영** 남경완 글 임소희 그림
- 048 **이호왕** 이영서 글 김홍모 그림
- 049 **어밀리아 에어하트** 조경숙 글 원혜진 그림
- 050 **최은희** 김혜연 글 한지선 그림
- 051 **주시경** 이은정 글 김혜리 그림
- 052 **이태영** 공지희 글 민은정 그림
- 053 **이순신** 김종렬 글 백보현 그림
- 054 **오드리 헵번** 이은정 글 정진희 그림
- 055 **제인 구달** 유은실 글 서영아 그림
- 056 **가브리엘 샤넬** 김선희 글 민은정 그림
- 057 **장 앙리 파브르** 유타루 글 하민석 그림
- 058 **정조 대왕** 김종렬 글 민은정 그림
- 059 **나폴레옹 보나파르트** 남찬숙 글 남궁선하 그림
- 060 **이종욱** 이은정 글 우지현 그림

061	**박완서**	유은실 글 이윤희 그림
062	**장기려**	유타루 글 정문주 그림
063	**김대건**	전현정 글 홍선주 그림
064	**권기옥**	강정연 글 오영은 그림
065	**왕가리 마타이**	남찬숙 글 윤정미 그림
066	**전형필**	김혜연 글 한지선 그림
067	**이중섭**	김유 글 김홍모 그림
068	**그레이스 호퍼**	박주혜 글 이해정 그림

* 계속 출간됩니다.